BARDD CWSG ARALL

Argraffiad cyntaf: 2021

Rhif Llyfr Safonol Rhyngwladol:
978-1-84527-817-5

CYNGOR LLYFRAU CYMRU

Cyhoeddwyd gyda chymorth
Cyngor Llyfrau Cymru

Dylunio'r clawr a thu mewn: Olwen Fowler

Dymunir cydnabod cymorth iStock ac iClipart gyda rhai o'r delweddau a gynhwysir yn y gyfrol.

Gwnaed pob ymdrech i geisio olrhain perchnogaeth pob llun; ymddiheuriadau os methwyd â chyflawni hynny ym mhob achos.

Cyhoeddwyd gan
Wasg Carreg Gwalch,
12 Iard yr Orsaf, Llanrwst,
Dyffryn Conwy, Cymru LL26 0EH.
Ffôn: 01492 642031

e-bost: **llyfrau@carreg-gwalch.cymru**
lle ar y we: **www.carreg-gwalch.cymru**

Argraffwyd a chyhoeddwyd yng Nghymru

Derec Llwyd Morgan
BARDD
CWSG
ARALL

I Jane

ymhlith pethau eraill, am ddweud:

"Dwyt ti'n fawr o hwyl yn y gwely, Der",

llinell a esgorodd ar gyfnod brwd o gyfansoddi

yn ystod Gofid Mawr 2020

Cynnwys

Rhagair

Yr wyf yn ddiolchgar dros ben i Myrddin ap Dafydd am ei ymateb brwd i'm cerddi ac fod mor barod i gyhoeddi'r gyfrol hon. Y mae iddynt natur ac arddull amrywiol, a chyda golwg ar eu pynciau gellir dweud yn deg fod ynddynt glod, ysmaldod a mwy. Diolch hefyd i Myrddin a'i gydweithwyr yng Ngwasg Carreg Gwalch am roi i'r llyfr ddiwyg mor hyfryd, yn unol â dyluniad hardd Olwen Fowler.

Ymddangosodd rhai o'r cerddi cyn hyn yn *Llafar Gwlad*, *O'r Pedwar Gwynt*, *Taliesin* a'r *Traethodydd* (golygydd presennol y chwarterolyn hwnnw, D. Densil Morgan, a adferodd ddwy ohonynt). Cyhoeddwyd pump yng ngholofnau chwaraeon *Barn*, y cefais wahoddiad gan Menna Baines a Vaughan Hughes i'w hysgrifennu union ddegawd yn ôl. Lluniwyd y cyfaddasiadau sydd yma ar gais Mari Lloyd Pritchard, a'u comisiynodd ar gyfer ei chorau ieuenctid gwych.

Gwragedd

Yng nghoedlan Carrog Uchaf
    Ar ddiwrnod teg o haf
Mae gennyf dair o wragedd:
    Paham na lawenhaf?

Mae un o dan y gwyddfid
    'Ofera o Garrog Fain;
Ei chwaer sydd ger y lelog;
    Mae'r drydedd yn trin drain.

Ond merch o faen yw'r gyntaf,
    A merch o faen yw'r ail,
Eu bronnau'n lled fwsoglyd,
    A chedorau'r ddwy yn ddail.

A bardd go blaen sy'n datgan
    Wrth bawb, o'r tair a gaed,
Mai'r unig un sy'n cyfrif
    Yw'r farwol gig a gwaed.

Ffarwel i'r Cofrestrydd

(Emrys Wynn Jones, ŵyr T. Gwynn Jones)

Mawr y siom, mae Emrys Wynn,
ddi-ail, yn ymddeolyn.

Cofiwn sut y bu'r cefn syth
yn astalch i Aberystwyth.
Mewn pwyllgor, pwy'n cynghori?
Mewn llys, pwy'n cymhennu llu?
Pwy'n wylaidd fyddai'n meiddio
dweud ei farn, a bid a fo?

Y sbectol aur ddioleddf,
nid â eto i ddarllen deddf,
na'r pen cyrliog at statud
a dreng frasgyfrifon drud.

Ennyd, caiff dynnu anadl
o'i dre deg ddi-ddwndwr-dadl:
ŵyr ei daid yn hir y dydd
a rodia lwybrau'r prydydd.

Cywydd Syr Melvyn

(ar ei ymddeoliad yn Llywydd Coleg Aberystwyth yn 1997)

Y mwyn gyfrifydd miniog,
enaid a llygaid ein llog,
â'i henbwyll a'i ddidwylledd
dwfn yn ieuenctid ei wedd,
mor ddiachwyn, mor ddeche:
Syr Melvyn yw'r dyn, on'd e?

I Aber Rosser a roes
diau wasanaeth dwyoes.

Marwnad Prifathro Coleg,
hanesydd crefydd a diwinydd a hoffai fynd ar wyliau gwersylla

Wersyllddydd gwlyb o haf, llyncodd y Drefn ei phoer
    A bore-ganiatáu i Awdurdod Trech
Na'r Dr Tudur Jones ei hawlio'n eofn, oer,
    Er nad oedd arni eisiau diwinyddiaeth yn y bedd.
Hawliodd herfeiddiwch oedd yn hŷn na Morgan Llwyd,
    Difrawder Vavassor Powell, egni Thomas Charles,
Yr annibyniaeth oedd i Michael D yn fwyd,
    Diwylliant pedair canrif yn ei hald.

Hawliodd ddysg, hawliodd ufudd-dod pur i'r Pren,
    Sicrwydd deall ffydd ac angerdd tafod llym.

Fel hyn y daeth ei fywyd diefallai ef i ben,
    Fel rhoddi sbrag o bwys yn olwyn fawr Y Rhyl,
Fel datod pabell pawb. Eglwysi Rhyddion y byd,
    Y maent yn gaeth i'r cof amdano yn ei oed;
A'r un yw profiad Annibynwyr Cymru ar ei hyd.
    Protestia Protestaniaeth: "Pa le mae'r Gair ar goedd?"

Mudandod pregethwrol ydyw'r pulpud mwy;
    Colofnau'r *Cymro* ydynt bur a glân a gwyn;
Ac eco wedi'i hepgor ydyw hanes. O beth? Gan bwy?
    Y mae yr hwn all ateb wedi mynd.

Mynd i brynu torth

Newydd barcio'r car
a'm cariodd i'n gyfforddus iawn
drwy'i holl flynyddoedd rhewliflas hen,
ar Stryd y Bont Llangefni, yr oeddwn,
i hwyluso mynd i brynu
fy hoff dorth hadau yn fy hoff siop fara.

Ddecllath o ddrws y becws
daeth un o drigolion deallusol y dref
i gydgerdded â mi,
ac i ddatgan,
apropos dim byd beunyddiol bropor,
ei fod yn fisol yn darllen
colofn chwaraeon *Barn*
ac yn cael peth blas arni,
ond y byddai'n well o lawer ganddo
petawn i'n ysgrifennu am lenyddiaeth
yn hytrach na chwaraeon.

Yn nodweddiadol foel feirniadol
fel yna y dywedodd ei feddwl.

Ac yn fy nghwrteisi diolchais iddo:
"Diolch, Meical."

Och, gwrteisi!
Bob gwalch a fwyta grystyn, gochela fad gwrteisi!
Ar balmentydd poblog fel ar heolydd hollwag
dywed dy feddwl, fonheddwr,
dywed ef bob amser yn blaen,
ac, os oes raid, yn flaen-llym hefyd.

Buddugoliaeth Cymry Maelor

(Ar ôl rhai blynyddoedd blin, yn 2012-13 enillodd tîm pêl-droed Wrecsam Dlws yr FA ond yng ngêm derfynol y play-offs *collodd yn erbyn Newport County, gan aros yng Nghynghrair y Gynhadledd, ys gelwid hi. Dyma gerdd gan fab mabwysiedig enwocaf y dref, Morgan Llwyd, yn cambroffwydo'i ffawd)*

Ym Meirionnydd gynt y'm ganwyd,
Yn Sir Ddimbech y'm pêl-rwydwyd;
Crysau coch o waed fy Arglwydd
Roed ar gefnau'r Dreigiau mawrlwydd.

Storm ar fôr, roedd pysg yng Ngrimsby
Gymaint ddengwaith â physg Cymru,
Gwynion-dduon hyd eu crwynau:
Gwialenasom hwy yn ddiau.

O Fwrdais Welling draw i Wembli
Gwelais galon torf yn llenwi,
Torf â'i ffydd hi hyd y llynedd
Yn gweled ollddim ond y diwedd.

Ond yn nydd Morrell a Harris,
Ormerod a Cieslewics,
O mor bell yw safn marwolaeth,
O mor Dlws yw buddugoliaeth.

Drwy y Barnwr Nic ap Harri
A Malcolm Halen hallt ei farnu
Y clywais lun yr olaf ornest:
Eu telediad oedd yn orchest.

Dylwyth pengrwn Wrecsam decaf,
Trown yn awr ein golwg nesaf
At frwydriadau y Gynhadledd
(Megis Cromwell yn y Senedd).

Ddiwedd tymor, Fai dianfad,
Dduw o'n plaid, mi gawn ddyrchafiad:
Eglwys Kidder, Sir Gasnewydd,
Faes y Mans, fydd ar elorydd.

Dysg awtistig

Y geiriau Saesneg cynta' ddeellaist ti,
        Pan eisteddet yn dy goets-gadair o dan
Ffenestri ffrynt y Coleg ger y Lli,
        Fy ŵyr bach syn hoff, oedd *Renaissance man*.

Yn cerdded y prom y buom ar ei hyd,
        Oriau bwy'i gilydd, yn astudio'r pyst hir
Sy'n cynnal fesul un faneri'r byd:
        Fe allet ti eu henwi, ar fy ngwir.

'Na pam y'th elwais di'n *Renaissance man*:
        Yn ddwy-a-hanner oed yr oeddit fel
Erasmus Roterodamus yn ei bram
        Yn synnu'r tir a'r môr.

                                Dim ond am sbel.

Yn d'oed, am fod dy ddoniau di mor gudd,
Y mae'n Ddadeni arnat ti bob dydd.

Odl

Pan yw ar faes
yn ei farf Geiriogaidd laes,
a yw Moeen Ali
yn dyfalu,
fel awdur "Alun Mabon",
yn awenwych radlon?

Ni wn. Ond gwn –
ni bu dim cyn sicred –
na chwaraeodd Ceiriog
yr un gêm o griced.

Enw yng Ngorsedd

Am mai Dwynwen
yw'r ferlen fynydd wen gyfeb
sydd gennym
yn pori'r cae y tu cefn i'r tŷ,
lle na bu neb yn tramwyo
ers blynyddoedd
ond rhai ceir ar drac
yr oedd ei olion yn y gwair gwael hir,
bydd pawb a glywodd sôn
am santes cariadon Cymru
yn tybied mai fy ngwraig a'i henwodd.

Ond nage: Charles,
John Robert Charles Jones, ei pherchennog,
a'i henwodd. Ar fenthyg
y mae'r santes yma.

Ynghyd â hi, o'r tu arall iddi,
neu, weithiau, heibio iddi,
ddwywaith y dydd,
i bigo'r hadau a rown allan
yn yr ardd i'r adar,
daw ceiliog ffesant taer
balchfron gwyndorchog uchelgam.

A'i enw *ef* yng Ngorsedd?
Federer.

Marilyn

Meddyliwch!
Meddyliwch fy mod i
echnos a neithiwr
wedi breuddwydio
bod Marilyn Monroe
yn ei gogoniant goleuwallt
siapus hufengroen hardd
mewn costiwm nefi-blŵ
nad oedd yn gweddu iddi
yn flysig lwth synhwyrus
wedi fy ngwahodd i
i gywelya â hi,
ac i mi
yn syfrdan biwritanaidd
ddweud "Na" wrthi,
echnos a neithiwr.

A oes, mewn gwirionedd,
dri chynnig i Gymro?

Jane yn hen

(Ar ôl darllen "Morfudd yn hen" Dafydd ap Gwilym)

'Hafod oer'? Na: Efa deg,
o'i rhyw yr unrhyw anrheg
orau'i moeth i'r gŵr a'i myn,
hi â'i mwythau amheuthun.
Hi dduwies anwes annwyl,
onid ei gwefr yw cadw gŵyl –
gŵyl gadw oed, gŵyl gadwedig –
y Der hwn yma a drig?
Hi â'i llaw, fysedd awen,
ddawn bur, a farddona'i ben.
Hi'r fireinwych, hi'r fronnoeth,
hi'r berl, â'i chof yn ir boeth,
ethig hen, weithiau a'i câr
â dyfais ddiedifar.

Y sws fêl, mae'r flasus fain
ragor yn *boudoir*-ugain.

Y Brenin Llŷr

Try Bach ym Mhentre Bychan.
Ddieithraf wŷr ddaeth i'r fan:
y dewin Amadeus
gyda Liszt symffonig dlws,
a Schubert a'i gonserto
yn wefr iach i'r wlad a'r fro,
Wagner a'i fawrgryf egni,
a Brian Hughes o'n bro ni,
a Ludwig ddigynnig gain,
yn unswydd ac anunsain.

Yn ei fachgendod odiaeth,
y llawrydd iau, Llŷr a ddaeth
â hwy'n foliant i Faelor,
i liwio'u cerdd fesul cord.

Yn ei fachgendod odiaeth,
o roi ei droed ar ryw draeth
ni roed na bwced na rhaw
eiddilwaith yn ei ddwylaw.
Â'r môr ar drai ffeindiai ffon
i roddi'i gerdd-arwyddion
ar erwyddfa ger rhyddfor,
rhesi teg crosietau tor.
Ei dad o fardd fu'n dweud fod
miniwét ha' mewn tywod.

Y traethydd, pianydd yw,
arglwydd llinynnau eurglyw.
Ddifeth gyfeilydd hefyd,
hanner baich Canwr y Byd.

Yn fwy reiol, y solo
afrwydd faith 'wefreiddia fô.
Llŷr yw meistr yr holl feistri
a Brian Hughes o'n bro ni:
o'i led ongl eu dehonglwr,
wit siarp eu mynegiant siŵr.
Ar lwyfan pedwar ban byd
yn iasbraff, gorff ac ysbryd,
yn oed gŵr mae nodau'i gerdd,
ddewin ing, iddo'n angerdd.
Gwyliwch ef a gwelwch ŵr
talog, gewynnog gynnwrf,
yn ffeirio â'i offeryn
rig rhaffau taer ei gorff tynn.

Dyma'r allwedd a feddwn:
o-ho, piano *yw* hwn,
o draed pedalau'i dalent
i sain y Bach sy'n ei ben.

Richard H. Morgan

(*Pantyfedwen*)

Y mae Richard Morgan
    Yn deall arian.
A oes ganddo ddawn fwy nobl?
    O, oes, y mae'n deall pobl.

Beddargraff Mair Eluned Edwards

Am mai mud yw ymado, – rhowch y Fair
 wych a fu'n soprano
wrth organ a phiano
yn dyner iawn o dan ro.

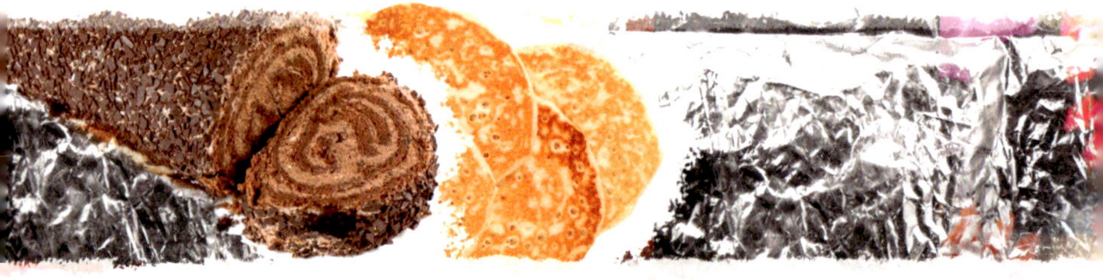

Rhoddion Iola

Tŷ o fwyd yw Nant Fadog, – 'waith yno
Fawrth Ynyd cawn grempog,
teisennau cri a thriog;
maes o law cawn Grismas Log.

Englyn i Eryl H. Jones

(*'Cenwch im yr hen ganiadau'*
4 Mawrth 2017)

Cyngerdd iawn cyngerdd heno, – cyngerdd gwych,
    cyngerdd gwell na *bravo*:
  Eryl ddoeth 'reolodd o,
  seren o impresario.

Dan ddylanwad A. E. Stallings

Aeth hanner canrif heibio er marw 'Nhad
  A deugain namyn tair er claddu Mam,
A dyma fi y bore hwn yn ddinacâd
  Yn gofidio – ac mi wn i paham –
Ynghylch y ffaith nad oes yn yr hen fro
  Neb mwyach i ofalu am eu carreg fedd.

Newyddloes ffôl yw hon. Ni bu ers tro
  Ofalwr ar eu hir garegog hedd.

Y rheswm y bûm i'n meddylu yw hyn:
  Mewn llyfr barddoniaeth ddoe mi gefais wefr
    Wrth ddarllen bardd mewn mynwent yng ngwlad Groeg
  Yn gweld pob marw'n gorffwys, yna'n befr,
    O'i fedd petryal, yn fras gan furum soeg,
Yn araf godi megis torth o dun.

Marwnad Alwyn Roberts

(*Bu farw Awst 2018*)

Gŵr reit anfarddongar oedd,
difarnais lais ei lysoedd:
rhesymegol mewn coleg,
taer a dwys yn taro deg;
mewn pwyllgor yn rhagorol
o blaid ei lwyth, blê di-lol;
angorai sens cyngor sir
wrth y Gair, doreth geirwir;
megis mewn sgwrs, ddisgwrs dda,
minfalch, neu mewn cymanfa,
dwedai'i farn anhaearnaidd,
yn deg ei wên, gydag aidd.
Eto'n eurfin ddiwinydd,
a phawb yn edmygu ffydd
ddibenbleth y pregethau,
bywyn gwir, y bu'n eu gwau,
dda'i bopeth, yn ddibapur.
A ddeil y pen? Meddwl pur.

Llyw parod Eisteddfod oedd,
ei seintwar mewn croeswyntoedd.
I'w Hen Gorff bu'n flaenor gwych,
yn amynedd mawr mynych.
Yn Assam nid oes amau
nad oedd, gennad, yn werth dau.
Cyfled, wir, â darlledu
ei lwyth gymwynasau lu.

Ddihymbyg archysmygwr,
di-nych oedd, dyn iach o ŵr,
bras ei fawrgam carlamus,
brawd athronyddol mewn brys.
Er hyn, mewn cwmni didwyll,
ef, yn arab, oedd pab pwyll:
rhôi in ei farn burion fwyn
yn weithred aeddfed addfwyn.

Adwyth Awst, a daeth i hyn:
"Ffar-wél." Nid hoff air Alwyn.

Wrth fedd Mair

(Bu farw Chwefror 2019)

Y fenyw hoff y fan hyn,
Fair Rowlands, oedd Fair Alwyn:
awch y wledd wedi'i chladdu,
y Fair fwyaf swslyd fu,
rêl hen gariad.

Cenhades,
a llaw agored pob lles.
Rhodio ma's o Ryd-y-main,
a daearu'n y Dwyrain:
un daith a roddodd, on'do,
Fair newydd i Forneo;
daith arall ffrind i'r India,
yn gwirio dawn ei gŵr da.

Yma'n ei hiaith mynnai hel
at ei bwrdd, nid tabŵ arddel,
anffodusion gloywon glân,
ugeinfyrdd, yn ddigwynfan:
wrth ei bodd â gwerth ei byd,
a'i amal ofal hefyd.

Eneiniog oedd, a nain gu,
Nadolig Glyn a'i deulu.

'Canmolwn yn awr ein gwŷr enwog'

(Cerdd dalcen-slip a ddarllenwyd mewn cinio a drefnwyd gan Ysgol Astudiaethau Crefydd Prifysgol Bangor ym Mehefin 2010 i ddathlu pennau-blwydd pedwar o'i hysgolheigion pwysig, sef Dafydd Ap-Thomas, Owen E. Evans, Gwilym H. Jones a John Rice Rowlands)

Ar noson fwyn fendigaid,
Ein pleser wedi'r pryd
Yw dathlu'r doniau 'sblennydd
A ddaeth â ni ynghyd.

A phwy yw'r rhain sy'n haeddu,
Me'chi, ein clap a'n clod?
Ysgolheigion yr Ysgrythur.
Nid meib yr Ichabod.

Os Trindod sy'n y nefoedd –
(Mae'r *os* yn *os* go fawr) –
Nid amau neb fodolaeth
Y pedwar sy yma'n awr.

i

Y cyntaf yw Ap-Thomas,
Nad yw ymhell o'i gant,
Yr Annibynnwr hynaf
Nad ydyw eto'n sant.

Porthaethwy y dauddegau
A'i rhoddodd ar ei hynt.
A sut ddychwelodd adre'?
Fel lord Y Gadlas, gynt.

Bangor a Choleg Mansfield
A goethodd ynddo'r ddawn
I ddarllen a myfyrio
Mewn stydi *ambell* bnawn.

Ond Natur biau'i wneud e'n
    Hebrëwr heb ddim sioe
Sy'n personoli bonedd
    Academïau ddoe.

ii

Yr ail yw Owen Evans
    Of episcopal girth,
Etifedd balch John Wesley,
    Whose parish was this earth.

Etifedd William Morgan
    Yn ogystal yw efe:
Efe a ddaeth â Beibil
    Y Cymry iddi'i le

I eilio'r Beibil cyntaf
    Ym mil naw wyth deg wyth:
Dysg a disgyblaeth Owen
    A gariodd y fath lwyth.

Ac wedyn cawsom ganddo
    Fynegai i'r Gair i gyd,
Concordans gwyrddglawr trwchus
    Sy'n drymach na dim byd.

iii

Y trydydd, Gwilym Henry,
    Rhaid dweud nad ydyw e'
Ond llafn wrth ochr Ap-Thomas,
    A llanc wrth ochr O. E. –

Y naill ymron yn ganrif,
    Y llall yn *ninety* oed:
Mae gan G. H. ddeng mlynedd
    I ddyfod at ei goed.

O blith y Testamentau,
    Yr Hen yw eiddo'r gwas:
Ei arwr ydyw Jehu,
    A'i lidwyr ydyw'r Glas!

Ni wn a oes all gyfrif –
    Na merch na mab na bardd –
Rawnsypiau'r llyfrau gwerthfawr
    A dyfodd yn ei ardd.

Sefydlodd a golygodd
    Gyfresi *O Ddydd i Ddydd*:
Darllenodd pawb y rheini
    Er nychu o Gymru'r Ffydd.

Esboniodd y Brenhinoedd
    Yn ddisglair ddiwahân,
A rhoes i Lyfr y Salmau
    Ei ddiweddaraf gân.

iv

Yr un yw oed Rice Rowlands,
    Sef pedwarugain da:
Fe'i caiff ar ôl y Jehu,
    Yn hwyrach yn yr ha'.

Bedyddiwr o'r Bedyddwyr
    Yw mab Llanfachraeth Môn,

Sy'n credu mai Bedyddiwr
    Ydyw yr Arglwydd Iôn.

A welsoch Seren Bethlem?
    Na, *Seren Gomer* yw.
A fydd Nadolig 'leni?
    Cewch Grismas Evans byw.

Hwn ddaeth o bulpud Cybi
    A'i gartref, Aber Fryn,
Dros Bont y Borth i 'fforddi
    Myfyrwyr Coleg Gwyn, –

I greu pregethwyr newydd
    Dysgedig fel efe
Â phwyll a gwên ac urddas:
    Ychydig ddaeth i dre'.

Wrth ddiolch am y doniau
    Addurnodd bawb o'r rhain,
Rhaid dweud na welwn eto
    Ar dir ein Cymru fain

Y fath gyfrodedd disglair
    O ysgrythuraidd lên:
Mae'r wlad 'fawrygai'r Beibil
    Yn tynnu anadl hen.

Ond daliwn ni i ddathlu,
    A dathlu gyda hwyl,
Fod Gwm a Rice ac Owie
    A'r Ap yn cadw gŵyl.

Elwyn Thomas yn ymddeol

Nid oes gan fancwyr heddiw
    Yr enw oedd ganddynt gynt:
Aeth parch at y proffesiwn
    I ganlyn gyda'r gwynt.
Ond yma ym manc Llangefni,
    'Rhen Fidland ar y sgwâr,
Mae bancer clên hen-ffasiwn –
    Bonheddig, gwych a gwâr.

Ei sirioldeb sy'n ddihareb,
    Ei foes sy'n bleser gwiw,
Ei *fore da* a'i *ddiolch*
    Sy'n ddwbwl-drebal driw:
Ni cheir yng Nghymru gyfan
    Un glanach, coeliwch fi,
Nac un cymharol iddo
    Am helpu â'r *£ s d*.

Os mynnwch sgwrs am Gynan
    Neu eto Fardd yr Haf,
Neu drafod Gruffydd Robert,
    Neu'r tywydd, dyna braf
Yw troi at y bonheddwr
    Yn llewys gwyn ei grys
Sy'n eiddgar iawn ei groeso
    I bawb o fewn ei lys.

A phwy yw'r gwron hwnnw
    Ar fin ymddeol sydd?
Wel, Elwyn Thomas sifil,
    Bodorgan ers llawer dydd:
Eleni y mae'n ymddeol
    I'w ardd a'i gartref clyd.
O'i fynd, mor anfonheddig
    Fydd holl ryw fanciau'r byd!

Joel yn fud, Joel yn fyrlymus

i

Ara yw dawn f'ŵyr da i,
un gwafriog a digyfri,
un â â'i phlant i mewn i'w phlu,
un â'i dawn i'w mudanu.

    Och o'r gwall sy'n chwerw gaeth:
tystio'r wyf i awstistiaeth.

ii

Hir yw dawn fy ŵyr da i,
dawn â nawdd doniau iddi,
dawn sy'n drefn drahydrefn hen,
dawn ei awydd, dawn awen.

    Ers clywed clec ac eco
tafod yn ei daflod o,
gyrra sws o Groesoswallt,
gyrra'i ben drwy grib ei wallt.

Gyrra'n wamal, real rôg,
ei geraint im o Geiriog:
ei ruthr o wâr ewythrod
mawr clên; yna, mwya'r clod,
ei daid a'i nain, sy'n dodwy
yn y man ddwsenni mwy,
byddin ei adnabyddiaeth,
seiri camp ei fesur caeth,
Siân a How, Cieron, Shinêd,
Sara, Ela ac Aled,
plant Siwan, Ryan a Rhys,
Marian a Guto-Morus:
gyrra enwau'u gwirionedd,
rhaid a gwep eu pryd a'u gwedd,
a'u gyrru yma i Garrog,
o whith i gyd, i nyth gog,
er mwyn i mi, o myn Mair,
drïo'u gwella, drwy gellwair
ag odlau neu reg awdlig
yn ochr Môn, drwy chwarae mig
anniddim cynganeddol
gyda'i lwyth, i godi lol.

Gêm sydd yn eiriau i gyd
a dyfodd rhwng ein deufyd
ydyw hon, a'r idea oedd
hwylio'i iaith yn helaethoedd.

Yma ar ŵyl, y mae'r wers
i'w gof yn llawn o gwafers
hynod hynod cynghanedd,
awen deg ei wên a'i wedd.
Beth yw bwyd ond rhywbeth rhwydd
i fydru ei ddiwydrwydd?
Ac o weld bod rhostio cyw,
minnau'n clecian y *menu*,
"I swper, beth gymeri
i'w gnoi yn fwyth gennyf i,
beth, ynghyda ffa a phys,
moron neu Guto-Morus?
I bwdin, Joel, jeli." –
"Llusg," ebe fe wrthyf i.

Yna'n ewn, clecian enwau,
ddawn daer, y byddwn ein dau
eilwaith. Onid clytwaith clod?
Hyd wynebau'i gydnabod
rhanna sêr ar drwyn Sara,
poeth a del fel pethau da;
rhy ar foch How y rhif chwech
yn ddihwmdrwm, dda'i ymdrech.

A gêm gall arall eiriol
ydyw gêm lle daw i gôl
ei awen hŷn, i fwynhau –
fesurydd i fwyseiriau –
estyn sillafau ystyr,
rhoi ei hawl ar eiriau hur:
Ei nef? "Llanfair-pwll nofio."
"Sydyn fellt, was, dyna fo!"
Ei nos? "Llansadwrn-nesa."
"Lôn dro Duw, am galendr da!"

A cherbyd gweld y byd bach
â'i enwau yn amgenach?
Teithiwr, hwyliwr pob helynt,
ple y mae, yw'r "Polo mint".

Rhwydd dda'i hwyl y bardd a'i iaith,
tystio'r wyf i awtistiaith.

(Yng Nglyn Ceiriog y triga Joel,
ac yng Ngharrog Uchaf, Tregaian,
Môn, y triga'i dad-cu. Volkswagen
Polo, wrth gwrs, yw'r 'Polo mint'
sy'n y llinell olaf ond dwy)

Gwell na'r rhelyw

Pwy'n damo'n y pandemig
yn ferw dwym? Yfî, ŵr dig.
Rhoes y twll ym mhob crys-T
esgus digymysg imi
brynu top, mynd i siopa
ar y lein i Shangri La
gwefannau'r holl siopau sieb
diweniaith a diwyneb
sydd megis draw drwy'r awyr:
"Mwya peth cael cotwm pur,"
meddai Jane yn ei henaint,
"a dyna fo dy iawn faint."

Euthum bant i chwilmanta
efo'i chyngor didor da,
a digred brynu deugrys,
daeraf fraw, ond nid ar frys,
wedi oes yn *H and M*,
un rhyddu ac un rhuddem.

Pa arswyd agor parsel
â'i gynhwysion digon del?
Wele unpeth na welais
ar y bwrdd wrth brynu'r bais:
wae llonydd, yr oedd llinyn
o eiriau steil ar frest un,
yn hirfain arni'n fawr*foast*,
ddewin mwys: *Better than most.*

O'i weld yn awr, "*Hold on, you,*"
– O gri fy ngwreigan groyw! –
"nid wyt deilwng, daid talog,
sgweiar blin, i wisgo'r blog,
a mynnaf, Der, myn nef Duw,
rhy, rhy hael *Gwell na'r rhelyw.*

"Byr dy wynt, brawd i Hwntw,
rhyw fwyell oer, ar fy llw,
byr dy dwt-twt, ydwyt ti,
clawd o fyr yn clodfori;
mynych, byr yw d'amynedd,
a byr yw hyd dy wobr hedd;
byr d'arddel, a byr d'arddio,
byr dy gaib a byr dy go';
y byrra'i wynt i barhau,
a byr dy giwcymberau."

"Ffôl eiriau ba ffiloreg
annoeth a gau ddaw o'th geg?
Yn henbraff, wyf frenhinbren
meina'i bwyll, â mwy'n ei ben
na Boris na gwŷr biswail
digramen ei domen dail.
Trawaf ddeuddeg mewn cegin;
un na wg fyth, gwagiaf fin.

Ail lefnyn, wyf golofnydd
chwaraeon *Barn*, ochr ni bydd.
Wyf sangiadwr nêt, siwrne,
wyf awengoeth doeth o'r De.
Wyf foi neis, wyf annison,
a mab mabwysiedig Môn:
wyf einioes ddof ynys dda,
mydrydd i Wlad y Medra'.
Di-fai'i gael, ydwyf goleg,
wyf eiddo'r iaith, wyf ddi-reg.
Gywreinwych, wyf goronog,
wyf fyr loes, wyf fawr ei lôg.
Yn briod ffyddlon odiaeth,
wyf foi sâff dy fwa a saeth;
wyf feirniad llên dy wenau,
encôr amdanat yn cau.

"I wych ŵr rhwydd iach ei ryw
rhy wylaidd *Gwell na'r rhelyw*."

Nid y border bach

Davidson ac Eggleton ddaeth yma
    I ailgynllunio'r ardd
Ychydig wedi'r Calan: Fehefin,
    Mae gweddnewidiad hardd.

Palasant hyd ochrau y lawntydd,
    Eu lledu a'u priddio ar yn ail,
Gan blannu â dysg a brafado
    Yn llwythog o gompost a thail.

Adwaenwn gryn nifer o'r pethau
    A roesant i harddu'r hen le;
Ond wele fi'n anwybodusyn
    Am eraill enillodd eu lle.

Rhosynnod a geir yma'n dorchau,
    Rhai mynydd wrth ochor y tŷ,
A rhyngddynt ar dalcen y dwyran
    Brydferthwch ysgawen ddu.

Rhwng potiau o lafant a hostas
    Ceir hyrddiad o bys lliwgar pêr,
A mwsogl corn carw'r mynydd,
    Llawryfen â'i deiliach hi'n wêr.

Llysiau f'anwylyd yw *geum*
    (Cymreigiaf forderi fy ngwraig);
Fennel a dyf yn gedowydd,
    A *cistus* yw rhedyn y graig.

Crocosmia neu dafod y diafol
    Gyd-dyf gyda'r spriwsen, *spruce.*
Wrth enwi mynawyd y bugail,
    Ni raid imi holi "y Bruce".

Mor beraidd yw lili yr Affrig –
    Agapanthus glaswyn yw;
A lili yw'r aur *citronella*,
    A'r undydd wastraffus, wyw.

Pwy brofa ras Duw 'r *agastache,*
    Yr *hyssop* sy'n isop yn siŵr?
Pwy ond hen bechadur a edwyn
    Clematis fel barf yr hen ŵr?

Sweet William sy'n Wiligandi,
    Neu'n beginan barfog mân.
Pwy alwodd y *lychnis* fermiliwn
    O bopeth yn flodyn y frân?

Coed drops bach clychog yw'r *fuschia*,
    Yn gochion a phiws hyd eu hoes.
Crefyddwr heb os a ddisgrifiodd
    Y *persicaria* 'n flodyn y groes.

Yng nghanol y soffistigedigion
    Mae eraill a'u heria yn llwyr:
A bysedd y cŵn ydyw'r rheini –
    "*Dogs' fingers,*" ys smalia fy ŵyr.

Dylan yn hanner cant

Mae'r cyfaill Dylan Williams
    Yn enwog drwy Sir Fôn,
A Dyffryn Ogwen 'stalwm,
    Fel gwron hael i'r bôn.
Efe yw'r pennaeth ysgol
    Rhagoraf fu'n y Llan,
Ac ef y trefnydd tripiau
    Rhagoraf i bob man.

Bu yn Ne Cymru droeon
    Am fod y lle yn *it*.
A fuo' neb yn amlach
    Yng nghrombil y *Big Pit*?
Pan nad yw'r nen yn olau,
    Pan nad yw'r byd yn nef,
Mae t'wyllwch dudew'r mawrbwll
    Yn ddrych o'i ysbryd ef.

Ond ar ei ffraethaf orau
    Fe fydd ei dafod llym
Yn corddi môr o chwerthin
    O donnau mawr eu grym:
One-liners gyda'r gorau
    Am bobol ddiflas, croes,
A disgrifiadau deifiol
    Sy'n peri gwên a loes!

O Goodison i Garrog,
    A oes a wêl o bant
Fod Dylan Williams heddiw
    Yn dathlu'r hanner cant?
Joe Royle a Howard Kendall
    Anfonodd gardiau iawn,
A hefyd Kevin Ratcliffe;
    Anghofiodd Alex *Young.*

Y bardd cwsg

Un diwrnod
ynghanol y pandemig,
cyn codi,
dywedaist wrth dy ŵr asthmatig cymharol hen,
"Dwyt ti'n fawr o hwyl yn y gwely, Der."

Ymhen y rhawg
egluraist mai fy meirniadu yr oeddet
am fy mod yn cysgu
cyn gynted ag y tarawai fy mhen y gobennydd,
ac am fy mod yn cysgu ymlaen yn y bore
a thithau ers tro
wedi deffro:
fy meirniadu am fy mod i
yn fy shorts a'm crys-T
a thithau yn dy goban
yn ddeuddyn diymddiddan.

Ai sbin ydyw'r esboniad,
wraig?

Bellach, â'r datganiad
"Dwyt ti'n fawr o hwyl yn y gwely, Der"
allan acw'n yr awyr anferth
yn rhan o ddisgwrs gyfuniaith yr holl fyd,
onid yr hyn a feddylia pawb ym mhob man,
o Alasca i'r Antarctig,
o Foscow i Fietnam,
yw fy mod i'n gnawdol
ddi-feind ohonot,
yn oerwedd fy ngorweddiad,
yn anghusangar fel cariad,
yn briod amharod ei ryw?

Oni weli di ba mor beryglus
yw datgan dy deimladau'n blaen?

Volvo

Y mae dramâu
teledu Sky Atlantic
yn cael nawdd
gan Volvo'r gwneuthurwr ceir:
Volvo fel yr yngenir ef yn Swedeg,
yn feddal gyfoethog grwn,
Volvo'n cynganeddu â felfed.

Gwyliwch *Succession*,
gwyliwch *L'amica geniale* Elena Ferrante,
gwyliwch *Babylon Berlin*,
a rhwng y rhannau, rhwng yr actau,
eisteddwch ac edrychwch
a chi a welwch
hysbyseb am
Volvo sy'n cynganeddu â felfed
a ffilmiwyd o gylch Tro'r Gwcw yn Sir Gâr,
lle mae
Volvo sy'n cynganeddu â felfed
yn hwyluso'i ffordd ddillyn
i lawr y Mynydd Du
heibio i Gapel Gwynfe
tuag at Langadog.

Eisteddwch ac edrychwch eto
a chi a welwch
hysbyseb arall yn mynd â
Volvo sy'n cynganeddu â felfed
i fyny'n ôl
dros Bont Clydach.

A hysbyseb arall eto fyth
o Volvo sy'n cynganeddu â felfed
yn ei throi hi
am Gastell Carreg Cennen
ar hewl Trap.

Y mae'n rhyfeddod – onid yw? –
fod yr hysbysebion hynod hyn am
Volvo sy'n cynganeddu â felfed
wedi'u llunio yn fy henfro hyfryd i,
ar union fynydd
fy ymennydd meinwe
ifanc i.

Ein stad mwy yw stadiwm mud

(*Y Swans yn cael eu diraddio o'r Brif Adran, 2018*)

Brau wyt ti, Abertawe,
a drud colledion y dre':
anabl drist oedd dy bêl-droed,
a hindrans dy gyfandroed.
Syth y tîm am saith tymor.
Ei dro mwy yw gwrando'r môr.

Cof yw gêm bert Roberto,
a Brendan, gyfanian fo;
a rîl coll ydyw'r *League Cup*,
o ledrith Michael Laudrup.
Huw Siencyn, y dyn ar dân –
ŵr triw? – sy'n farwor truan.

Bellach ni chlywir achwyn
na ddaw gôl yng nghae'r Hydd Gwyn;
Hen Drafford fydd ddidrafferth;
ni bydd iti City'n serth;
yr Arsenal sy'n aliwn,
Chelsea a Burnley'n ddi-bwn.

Purion. Y Bencampwriaeth
anodd iawn, iawn iawn, a ddaeth:
ar ffyrdd amheus i'w meysydd,
gyrr y daith heibio i Gaerdydd.
Am a gawd gan y tîm gwan
digon ymweld â Wigan.

Maleithau

Yn y tŷ mawr
cyfforddus tra chynnes hwn
yn niwedd Medi
cefais
am y tro cyntaf
ers o leiaf drigain mlynedd
boenau llosg-eira
ym mys bach fy nhroed chwith
a aeth â mi'n ôl
i f'ystafell wely
yn Llwyn-brain fy machgendod
lle'r oedd y linoliwm oer
y gwasgwn fy nhraed iddo
yn ystod y gaeafau hir oer
yn gysur gwirioneddol imi
pan ddioddefwn – O, mor amal – o faleithau.

Cerdded yn yr eira
oedd y feddyginiaeth amheus arall,
neu, adeg y Nadolig,
fflangellu'r bodiau chwyddedig coch
â chelyn.

Daeth yn ôl imi hefyd
fod yr efengyleiddiwr mawr,
y Parchedig Ddr Martyn Lloyd-Jones,
gweinidog Capel Westminster Llundain,
yn dweud mewn pennod o hunangofiant
taw'r maleithau a gafodd yn grwt
yn Llangeitho Daniel Rowland
oedd y poenau gwaethaf a gawsai erioed. –
Ddyn rhagluniaethol lwcus!

Priodas hir

Pa sawl blwydd sydd rhwng Aur a Diemwnt?
Pump a hanner cant.
Ac â pha dda y llenwyd hwy'r tu hwnt?
Cariad mawr a chwant.

27.vii.2020

Y ffraethebwr

Difyrrwch pob diwetydd
    Pan ddeuai'r ŵyr i Fôn
Ar wyliau i Garrog Uchaf
    Oedd troi y car i'r lôn.

Fe fyddai'r dyddiau'n amal
    Yn oriau o ymbellhau;
Wrth fynd am dro drwy'r Ynys
    Ni fyddem ond ni'n dau.

Wrth ymyl Pencarnisiog
    Yr oeddem nos o ha'
Yn mynd tua thraeth Rhosneigr
    I brynu hufen iâ

Ag ynddo'r fflêc arferol
    (Arferiad yw pob dim),
Pan ddwedodd yn ddirybudd,
    Ddigymell feddwl chwim:

"Isio i Nain Jên ga'l dyn du am *change*."

Beth wnaeth i'r llefnyn deunaw
    Na fydd yn ddeunaw fyth
Ynganu'r fath ddymuniad
    Oedd iddo ef yn druth?

Ni wn. Nid oes esboniad.
    Ond daw, daw ambell saeth
O dyndra bwa'i dafod
    Sy'n ddigyffelyb ffraeth.

Nid yw'n dweud llawer

Nid yw'n dweud llawer
am ddyfnder fy nefosiwn
nac am ansawdd
y bregeth goffadwriaethol
pan gyfaddefaf
mai'r hyn a gofiaf
o'r gwasanaeth angladdol
i olygydd *Diwinyddiaeth*
yw bod y gweinidog ifancaf
a gymerodd ran ynddo
yn gweddïo o'r pulpud
â'i law
yn ei boced.

Bugeilgerdd

A minnau'n eistedd yng nghefn y tŷ
brynhawngwaith poeth o Awst,
clywais o'm cadair haul
swish swish swish swish swish
fel sŵn dŵr
wedi'i ddal mewn lle crwn
yn troi yn ei gyfyngdra,
a meddyliais fod y peiriant golchi dillad
yn y gegin fach
yn ddiarwybod imi
wedi'i lenwi ac ar waith.

Na, nid dyna ydoedd;
ond tair o heffrod yr Hendre
ddeuddeg llath i ffwrdd
am y ffens â mi
yn pori'n gymesur gydamserol â'i gilydd.

Pwy – pa fugeilfardd – o'r blaen a gyffelybodd
bori i beiriant
golchi dillad, tybed?
Nid Hesiod, mi wn, na Cheiriog chwaith.

Dwy gêm griced

(21.vii.20)

Ddoe, ar ôl cinio,
ar ôl gwylied drwy'r bore
ar y teledu
Loegr
ac India'r Gorllewin
yn chwarae criced
digynulleidfa
ym Manceinion,
euthum i'r cae
sydd y tu cefn i'r tŷ,
ac yn ei ganol gwlithog
gyda'r John Deere X304
torrais lain ugeinllath
am fod Gwil a'i wyrion,
am fod Siôn a'i feibion,
Iwan a Trystan,
yn dod yma
gyda'u bat a'u pêl a'u wicedi
ergydiol o Argos
i chwarae criced gyda mi,
y tipyn tirmon.

Syndod y byd i'r hogia,
breswylwyr iau Treganna,
oedd bod gyda ni yma'n
syth bin gryn gynulleidfa,
sef gwartheg Charolais Iola
Nant Fadog.

I orffen yr odla
cyfaddefaf i mi, wrth ddala
daliad gyda'r anodda,
syrthio ar f'asenna:

druaned y cricedwr hyna!

Cyfaddasiadau

Susanni

(Addasiad o garol Almaeneg o'r 14g.)

Y bychan bach a ddaeth o Dduw,
Eia, eia, Susanni
O lin tra hen mab Jesse yw:
I'n harwain oll efe yw'n Llyw.

Yr Iesu yw y mab di-nam;
Eia, eia, Susanni
A Mari fwyn, hi yw ei fam.
O'i ddod i'n byd ni chawn ni gam.

Ar hanner nos y buo hyn,
Eia, eia, Susanni
Pan oedd y sêr yn glir a gwyn,
A'r engyl oll yn canu'n syn.

Tri brenin ddaeth, bob un â'i rodd,
Eia, eia, Susanni
Aur, thus a myrr i ryngu bodd,
A phawb a gân ei glod ar go'dd.

Ar lin ar lawr ymhlŷg yr awn,
Eia, eia, Susanni
Ac erfyn ar y Drindod Iawn
I roddi'r swcwr fyth a gawn.

Sunayama: twyni tywod

(Addasiad o gân werin o Japan)

Beth ar y traeth sy'n syrthio,
Syrthio o'r hwyr awyr ddu?
Drudwy sy'n creu y caddug,
Caddug sy'n adeinio'r nos.
Plu yn y storm sy'n glynu,
Glynu'n y nos fel drudwy'n yr heth.

Twyni oer o dan ein traed,
Twyni dan draed sy'n dywod oer.
Sêr a hed fel drudwy,
Sêr a red ar dywyll wynt.
Dail yn y storm ŷm ninnau,
Heb wybod sut, ar goll yn lân.

Hed i fy llaw megis drudwy;
Hed i fy llaw, cei loches lân.
Mud fydd y storm yfory,
Cân y môr it hwian-gerdd.
Dyfroedd a gâr y marian,
Awel a rydd gusan i'r gwynt.

Gaudete

(Addasiad o garol Lychlynnaidd o'r 16g.)

Gaudete, Gaudete! Christus est natus
Ex Maria virgine, Gaudete!

Heddiw ydyw'n dydd o ras,
Heddiw ein dymuniad:
Canwn gân â llawen flas,
Canwn ein haddoliad.

Gwnaethpwyd Duw yn ddyn o gnawd,
A rhyfedda Natur;
Daeth i'r byd i ni yn frawd,
Adnewyddiad eglur.

Porth Ezeciel oedd ynghau,
Ond fe'i caed ar agor:
Drwyddo wele inni'n glau
Waredigaeth ragor.

Boed in yma ganu'n lân
Salmau ein disgleirdeb,
Moli'r Arglwydd Dduw â chân,
Moli'r Crist a'i burdeb.

Oenig bach

(*William Blake*)

Oenig bach, pwy a'th greodd?
Wyt ti'n gwybod pwy a'th greodd?
Rodd it fod, a hawl i fwyd
Ger y nant ac wrth y glwyd?

Rodd it ddillad sy'n foddhad,
Dillad meddal, gwlanog, braf?
Rodd it hyfryd dyner fref,
Bref a dry bob cwm yn nef?

Oenig bach, pwy a'th greodd?
Wyt ti'n gwybod pwy a'th greodd?
Oenig bach, mi ddywedaf,
Oenig bach, mi ddywedaf.

Arno mae dy enw di,
Geilw'i hun yn Oen fel ti.
Addfwyn yw, a theg o bryd.
Daeth yn blentyn lawr i'n byd.

Plentyn wyf, ac oen wyt ti;
Run yw'r enw sy arnom ni.
Oenig bach, Rhad fo arnat.
Oenig bach, Rhad fo arnat.

Chwe marwnad “arall”

Gwyn Thomas

Y brawd mingoeth Bradmangar. Gwn ei bod hi'n arfer yn yr Oesoedd Canol i fwy nag un bardd ganu marwnadau i uchelwyr neu brydyddion ymadawedig, ond, yn achos Gwyn Thomas, gan fod Peredur Lynch wedi llunio marwnad mor gampus iddo a gyhoeddwyd yn *Caeth a Rhydd* (2018), ofer ceisio'i heilio hi. Daeth Gwyn yn ddarlithydd i Fangor yn ystod fy mlwyddyn olaf i'n fyfyriwr. Pan welais ef am y tro cyntaf ddechrau'r flwyddyn academaidd 1963-64 yn ystafell gyffredin Neuadd Reichel lle trigem, gan mor fachgennaidd yr olwg arno meddyliais mai glasfyfyriwr ydoedd, ac yn fy hen brofiad gweinidogaethol gofynnais iddo a oedd yn setlo. Bu honno'n jôc fawr rhyngom weddill ei flynyddoedd. Yr oedd yn hoff o ddoniolwch, oedd, ond yr oedd trasiedi yn pwyso'n drwm yn ei glorian hefyd: collasai ei fam yn ifanc, ac yr oedd dirdynoldeb ffawd Dyn ar bum cyfandir yn loes byw iawn iddo. Cristion glew, Cymreigydd diweddaraf Shakespeare, dehonglwr ein llenyddiaeth gynnar a chanoloesol, pencampwr llunyddiaeth, a bardd tra gwreiddiol ei ddychymyg a'i arddulliau. Deuthum yn gydweithiwr iddo ddechrau 1975. Cydweithiem, O gwnaem, ond chwaraeem gyda'n gilydd hefyd: tennis a chriced (ef oedd bowliwr cyflymaf tîm criced yr Adran Gymraeg a'i chyfeillion); a theithiem, y rhan amlaf gyda Bedwyr ac Alwyn, i weld gêmau prawf yn Old Trafford. Y rhyfeddaf oedd y gêm honno'n erbyn yr India, ac Indiaid Sir Gaerhirfryn yn y seddi o'n blaen yn troi atom i'n gwawdio'n hyglyw am fod Lloegr o dani. Ar ôl i Gwyn ddweud wrthynt nad Saeson oeddem ond Cymry, dechreuasant siantio "*Home Rule for Wales*" bob cyfle a gaent. Er amled yr Angau yn ei farddoniaeth ac er mor ddoniol ei gerddi gwreiddiolaf, ni thrafodsom y Pethau Mawr gyda'n gilydd, byrhoedledd ac ysmaldod trist bywyd, tan ei flwyddyn olaf. Ac nid eu trafod y pryd hwnnw chwaith, ond eu nodi. Yn 2014 cafodd lawfeddyginiaeth ddifrifol iawn i dynnu tyfiant mawr o'i ben,

ac ymhen y flwyddyn cefais i lawdriniaeth i dynnu melanoma o 'mhen i. Pwy ddaeth acw ymhen rhai dyddiau wedi imi ddychwelyd o'r ysbyty ond Gwyn a Jennifer ei wraig, Gwyn eisiau dangos cymaint egrach oedd yr olwg ar ei glopa ef, Gwyn eisiau cydymdeimlo drwy ysmalio, Gwyn yn bod yn Gwyn. Flynyddoedd lawer ynghynt, pan ganmolais ei lyfr gwych, *Y Bardd Cwsg a'i Gefndir*, ei ymateb gwylaidd ysmala ef oedd dweud bod ambell un ym Mlaenau Ffestiniog, ei henfro, yn cyfeirio ato fel *Y Bardd Cwsg a'i Gefnder*.

Bedwyr Lewis Jones

Bedwyr oedd un o'r ychydig ysgolheigion a oedd yn adnabyddus i'r werin-bobl. Dyna pam y gallai Gerallt Lloyd Owen yn ei gywydd coffa gwych iddo ddweud mai 'Bedwyr i bawb ydoedd'. Pan fu farw mor syfrdanol o sydyn yn Awst 1992, dywedodd fy mrawd-yng-nghyfraith Ifan, a arferai chwarae *centre-forward* i Niwbwrch, fod 'y dyn a arferai gadw gôl i Amlwch wedi marw'. 'Pibell, a chwmni pobol / a lliw'r Gymraeg ar gae gôl', chwedl Myrddin ap Dafydd yn ei gywydd gwych yntau iddo. Dyn pobol, ie, yn yr ystyr orau yn caru poblogrwydd. Yn Llaneilian y'i maged, ond bu'n ffyddlon i bob Llaneilian, i Laneilian pawb. Âi i bentrefi ledled y wlad, i ddarlithio a beirniadu. Pan ofynnwyd iddo mewn colofn hawl-ac-ateb yn *Y Cymro* "Beth yw eich hoff air?" ei ateb oedd "Gwnaf." "Gwnaf, mi chwaraeaf griced hyd yn oed." Ar gaeau Treborth y chwaraeai'n tîm adrannol, ar lain a oedd rhwng Pont y Borth a Phont Britannia. Un tro, yr oedd y peli a fowliai Bedwyr oll yn gwyrgamu i'r chwith, a dyma John Ogwen yn dweud wrtho, "Anelwch am y bont arall, Bedwyr." Nid oedd ddim dicach. Os oedd yn gyfaill ichi cefnogai chi i'r carn. Fel y cefnogai ei dîmoedd i'r carn: ar gae rygbi Bangor neu yn Anfield yr oedd yn gefnogwr cwbl unllygeidiog, yn rhefrwr didderbyn-wyneb, ac yn rhegwr rhagorol. Bedwyr, nid trist a distaw. Ond yr oedd yna Fedwyr tawel hefyd, meddyliwr trefnus clir, dyn gwastad doeth, rhyddieithwr glanwedd. Y llefarwr lliwgar, llawysgrifen araf fechan oedd ganddo, fel petai Ffawd neu'i wastadrwydd amcan ef ei hun wedi penderfynu cadw'i danbeidrwydd yn beth llafar ac wedi penderfynu syberu ei ysgrifeniadau. Mewn sgwrs breifat yr oedd mor gyfrin ag offeiriad, a thrysorwn ei gyngor gyfuwch â chyngor neb. I astudio hanes yr aeth i Goleg Bangor, ond o dan ddylanwad mawr yr Athro Thomas Parry trodd at y Gymraeg. Tom Parry oedd un o'i ddau arwr gydol ei oes:

y llall oedd Bill Shankly. Ei anwyldeb a'i agosatrwydd a bwysleisiwyd adeg ei farw, ond penderfynoldeb caled a'i cariodd drwy'i dymhorau hir fel pennaeth adran, fel uchel swyddog yr Eisteddfod Genedlaethol, ac fel Deon ei Gyfadran yn y coleg. Goddefer imi ddyfynnu dau gwestiwn ac ateb arall o'r *Cymro*. "Beth yw'r felltith fwyaf erioed?" Yr ateb: "Yr *Adventus Saxonum*" – sef dyfod yr Eingl-Sacsoniaid i Brydain. "Fel beth yr hoffech ddychwelyd ar y ddaear?" "Cymro mewn Sir Fôn Gymraeg."

Bobi Jones

Yn ei lythyr byr olaf ataf gofynnodd Bobi Jones imi roi cusan i'm gwraig drosto. Yr oedd yn cofio iddo ef, ei hathro Cymraeg addysgol-anuniongred yn y chweched dosbarth, gael cusan ddiniwed iawn ganddi hi drigain mlynedd ynghynt ar goridor yn Ysgol Uwchradd Llangefni. Yr adeg honno yr oeddwn i'n grwt ifanc ymhell bell i ffwrdd ar Gefn-bryn-brain yn dwlu ar y cerddi cyffrous a gyhoeddodd Bobi yn ei gyfrol gyntaf, *Y Gân Gyntaf*. Cofiaf imi mewn llesmair pur dreulio oriau yn y parlwr gartref yn dysgu ar fy nghof ei bortreadau digymar o butain a gyrrwr trên ac alltud a ffermwr rhyddfrydol. Drwy'i oes hir, mewn asbri cwbl afradlon, cynhyrchodd Bobi wedyn nofelau, straeon byrion, rhagor a rhagor o gerddi, beirniadaeth lenyddol, theori llenyddiaeth, llyfrau diwinyddol, ieithyddol, hunangofiannol, ac un llyfr taith y buasai Sir Fôn yn ddiolchgar o fod hebddo. Dyna gyfandir o lenyddiaeth lawryfol lawen y mae ar ddyn meidrol eisiau deng mlynedd i'w darllen a degawd pellach i fyfyrio arni. Ei esboniad ef ar ei ffenomen ei hun yw ei fod, y Cardiffian ag ydoedd, o ddarganfod y Gymraeg, wedi cael ei ail-eni i fyd ysblennydd o ddierth iddo a bod yn rhaid iddo'i ddathlu. Yna cafodd ail ailenedigaeth: daeth yn Gristion. A'r Cymro Cristionogol ailanedig a luniodd inni yr wrtharwrgerdd ryfeddaf efallai mewn unrhyw iaith, sef *Hunllef Arthur*. Dehongliad hir hir hir o hanes Cymru, '[t]amed tom' o wlad, yw hi, dehongliad o hanes cenedl heb erioed gyflawni'i photensial dwyfol, gyda'r Brenin Arthur, 'yr ymgyrchwr blêr mewn amser ... sydd / Yn fethwr proffesiynol', yn cydio hanes pawb a hanes popeth gyda'i gilydd. Ymwada'r bardd â'r hyn y mae'n ei alw yn 'gronicl crai', sef ein hanes fel y croniclir ef yn gyffredin, er mwyn 'meddiannu crebwyll', sef er mwyn deall sut y dymunasai Duw, Duw Bobi, inni Gymry fod. Ar ôl darllen yr un fil ar hugain o linellau sydd ynddi deirgwaith ni wn a yw'n gwneud sens llenyddol heb sôn am sens diwinyddol.

Ni rennais erioed na'i brofiadau ysbrydol na'i ddiwinyddiaeth, ac unwaith neu ddwy ceisiais ddadlau ag ef amdanynt. I ddim diben. Yr oedd y wên a oedd ar wyneb y bardd bob amser – hyd yn oed pan ddywedwn "Fel rhiwbob, awen Bobi" – fel petai'n cydymdeimlo â'm paganiaeth druenus. Y wên honno oedd ei amddiffyniad rhagof a'i ymosodiad arnaf. Ond er na chyfranogaf o'r achubiaeth a'i rhoddodd iddo, rhaid imi ddweud mai Bobi Jones oedd un o'r arwr llenyddol byw mwyaf a gefais i.

R. Geraint Gruffydd

Pan fu farw'r Dr R. Geraint Gruffydd bu farw ysgolhaig Cymraeg mwyaf – a mwyaf gwylaidd – a mwyaf bonheddig – ei genhedlaeth. Ar ryddiaith y Dadeni y lluniodd ei draethawd DPhil, ond dros y blynyddoedd traethodd ar lenyddiaeth pob cyfnod, o'r Hengerdd hyd at lenyddiaeth gyfoes. Ef a olygodd *Feistri'r Canrifoedd* Saunders Lewis (1973), ac fel Saunders Lewis yr oedd ef hefyd yn feistr y canrifoedd. Ofnaf imi ei siomi'n ddifrifol unwaith. Rhoesai swydd imi yn yr adran yn Aberystwyth yr oedd ef yn bennaeth arni, ond pan hysbysebwyd am ddarlithydd yn fy hen adran ym Mangor dywedais wrtho y dymunwn geisio amdani: "Y mae arnaf hiraeth am y lle," myntwn i, "a chan mai un bywyd sydd gyda ni, hoffwn ei dreulio yno." Cefais y swydd, ac yn y man dychwelais i Wynedd. Er hyn, a ninnau wedi gwerthu'n tŷ ym Mhenrhyn-coch cyn mudo, cefais y fraint bleserus o letya gydag ef a Luned am rai dyddiau'r wythnos waith drwy dymor cyfan fy notis yn Nantceiro, Llanbadarn Fawr. Trugaredd Doctor Geraint. Ni fuaswn i wedi maddau i neb a'm siomodd fel yna. "Deallaf yn iawn eich awydd i fynd i Fangor," meddai wedyn, "ond ni allaf gytuno â chi pan ddywedwch mai *un* bywyd sydd gyda ni." Credai ef yn angerddol yn y bywyd tragwyddol. Os dyn o ffydd, dyn y dyletswyddau hefyd: academydd didostur ddyfal. Er mwyn mynd yn ôl at ysgolheictod y gadawodd y Llyfrgellyddiaeth Genedlaethol. Ond trwyn diwylliedig iawn oedd y trwyn ar y maen: hoffai farddoniaeth, hoffai gelfyddyd gain, hoffai wledd foesaidd, hoffai win da. A hoffai geir cyflym. A phetai wedi'i dolach ei hun yn Anghalfinaidd buasai wedi hoffi dysgu hedfan awyren fechan. Ei ddarlithoedd rhagorol ef ar y Piwritaniaid a enynnodd fy niddordeb yn rhyddiaith Charles Edwards. Y flwyddyn gyntaf y gweithiwn arno yn Rhydychen, daeth Geraint yno am dymor Sabothol, a phan ddychwelai i Fangor i fwrw ambell Sul gyda'i deulu cawn fynd gydag ef yn ei gar at fy nghariad ym Môn. Wrth ddychwelyd i Rydychen un nos Sul, tua'r Waun aethom i dwll o niwl mwy na'r niwl sydd yng nghywydd Dafydd ap Gwilym, ac yn hytrach na mynd rhagddo i ben y daith trôdd Geraint drwyn ei Volvo tua Chymru'n ôl. Bedair blynedd yn ddiweddarach, er ei fod yn un o arholwyr fy nhraethawd ymchwil – S. L. oedd y llall – mewn Volvo diweddarach cariodd fi eto i Rydychen i f'arholiad *viva voce*, ac yna'n ôl i Fôn, heb roi arlliw o arwydd imi am fy llwyddiant neu fy methiant. Ond wrth gwrs ni fyddai wedi fy nghario pe gwrthodid fy nhraethawd.

R. S. Thomas yn 1983

Yn union syth ar ôl i R. S. Thomas draddodi araith Llywydd y Dydd ym Mhrifwyl 1983, lle dywedodd y bardd mawr Saesneg wrth bawb yn y pafiliwn am beidio â siarad yr iaith honno gyda neb, aeth fy ngwraig ag ef i Ystafell y Cyngor am banaid o de. Pwy oedd yno ond Jean, Ledi Cledwyn, un arall o frodorion Caergybi, merch i longwr a gwraig gyda'r fwyneiddiaf o wragedd daear. Gan lwyr anwybyddu pwnc yr araith (yn naturiol) dyma hi'n dweud wrth R. S., "Rwy'n cofio'ch tad yn gapten ar y môr, Ronald." "Ni fu 'Nhad i'n gapten ar ddim byd erioed," atebodd y bardd yn chwyrn. I osgoi chwithdod y tawelwch dilynol, ac i newid y pwnc, dyma Jane yn dweud wrth R. S. fod Elin ein merch wedi gosod ar un o barwydydd ei hystafell wely, reit yng nghanol dwsenni o sêr y ffilmiau a chantorion pop, y llun cerdyn-post enwog ohono ef yn ei gôt ddwffel a'i goler gron. Yn y post drennydd anfonodd ati'n anrheg y *rosette* a gawsai'n Llywydd y Dydd yn Llangefni. Nid mor ffrom, R. S. Thomas. Rai misoedd ynghynt, yn y bwthyn yn y Rhiw lle trigai, yr oeddwn wedi ffilmio cyfweliad teledu gydag ef ar ei ben-blwydd yn ddeg a thrigain. Ychydig wedi i'r rhaglen honno ymddangos cefais alwad deleffon gan gynhyrchydd llên o BBC2 cwbl anadnabyddus imi a ddywedodd wrthyf fod R. S. wedi gwrthod caniatáu iddo ef a'i griw fynd i Lŷn am eu bod yn Saeson. "Pam ffonio yma?" gofynnais iddo. "Am fy mod yn gobeithio bod gennych ddylanwad arno," ebe fe, heb adnabod ei ddyn o gwbl. Ymhen rhai wythnosau pwy oedd yn siarad am ei waith ar *Bookmark* o stiwdio yn Llundain ond R. S. Thomas. Pan welais ef wedyn – daethai acw am swper cynnar cyn darlithio i Gylch Llên Llanfair-pwll ar ôl bod, chwedl yntau, 'ar lan bedd hyll mewn mynwent hyll mewn tref hyll' – dyma fi'n dweud wrtho, "Un pert ŷch-chi, gwrthod cyfweliad i *Bookmark* yn Llŷn, ond parod ddigon i fynd i'w stiwdio yn Lundain." Ebe fe: "Does dim yn rhoi mwy o bleser i mi na moduro o'r Rhiw i Fangor, cymryd y trên o Fangor i Euston, a chan gerdded y platfform yno, *Fee, fi, foh, fum, smell the blood of an Englishman*." Y noson honno hefyd y dywedodd wrth Jane ei fod wedi darllen ei nofelau i gyd, ond cyn i'w phen chwyddo dyma fe'n ychwanegu, "Er mwyn yr iaith, wrth gwrs."

Emyr Humphreys

Am rai blynyddoedd ar ôl imi ddychwelyd i Sir Fôn o Aberystwyth, awn i Lanfair-pwll yn gyson bob pythefnos i ymweld â chyfaill ac arwr llenyddol mawr arall imi, Emyr Humphreys, nofelydd a bardd gyda'r cyfoethocaf a'r ffraethaf a draethodd am Gymry a Chymru erioed. Anhepgor lenor ei lwyth. Y dyn gwylaidd ag ydoedd, yr oedd yn athronydd, yn ysgrythurwr ac yn hanesydd. Swm ei ddealltwriaeth wedi'i briodi gyda synwyrusrwydd anghyffredin oedd ei holl lenyddiaeth. Flynyddoedd lawer yn ôl cyhoeddodd Cyngor y Celfyddydau boster rhagorol o "Hon" T. H. Parry-Williams, y soned wladgarol fwyaf cofiadwy a luniwyd gan neb, ac a ddysgwyd ar gof gan filoedd ohonom. Byddai eisiau can rolyn papur-wal i brintio poster o *Outside the House of Baal*, 1965, nofel aruthrol ac ardderchocaf Emyr. Ni allai neb ei dysgu ar ei gof, ond talai i bawb sy'n ymddiddori yn natblygiad y Gymru Fodern ei darllen a'i dadansoddi, fel y darllenant ac y dadansoddant "Hon". Gartref, ar ei ben ei hun, er ei fod mewn gwth o oedran, y trigai. Pan awn yno awn â straeon diweddar am bobl ac am bethau gyda mi, er mwyn ceisio'i ddifyrru. A dywedai ef ei straeon ef wrthyf i. Dywedai hanes cynnar cyfarfodydd yr Academi Gymreig ac yntau'n ei gar-modur yn codi'r Dr Kate Roberts i'w mynychu, a hithau'n cwyno am rywbeth neu'i gilydd o hyd. Neu dangosai imi lythyron a gawsai gan Saunders Lewis, y bu ef yn noddwr mawr iddo pan oedd yn gynhyrchydd dramâu gyda'r BBC yng Nghaerdydd. Dro arall gwnâi jôc am ben R. S. Thomas a gymerai arno grechwenu wrth ryfeddu at y ffaith fod Emyr yn byw mewn byngalo ar stad yn Llanfair-pwll, fel petai'r lle yn *concrete jungle* neu'n Philistia. Droeon, pan gyrhaeddwn, yr oedd yn darllen Dante yn y gwreiddiol. Neu byddai ganddo lyfr copi mawr o'i flaen, a byddai'n drafftio darn o stori neu gerdd yn yr ysgrifen ddestlus fach a feddai. Yr oedd bob amser yn siriol ddifyr ddiddorol. Ond ar ôl sgwrsio am ryw awr âi yn ei henaint i hepian, a gadawn ef yn amlach na heb yn ddi-ffarwel. Yr wyf yn falch iawn o'r ymweliadau hynny erbyn hyn, fel yr wyf yn falch mai un o'r darlithoedd cyhoeddus cyntaf a draddodais erioed oedd darlith ar arwyddocâd cenedlaethol rhai o'i nofelau, ddiwedd y chwedegau yn Theatr y Gegin Cricieth, a sefydlwyd gan ei gyfaill W. S. Jones, gyda'r nofelydd ei hun yn y gynulleidfa: y ddarlith honno a'n gwnaeth ni'n gyfeillion. Er cased ganddo rai dyletswyddau cyhoeddus, ym Mhrifysgol Cymru Aberystwyth, chwarter canrif yn ôl, ef a agorodd yn swyddogol adeilad newydd yr Adran Ffilm a Theledu a enwyd er cof am T. H. Parry-Williams. Enwais awduron mawr yn y farwnad 'arall' hon. Dyna'r pantheon y mae Emyr Humphreys yn perthyn iddo.